Made in the USA
Monee, IL
12 December 2021

85057004R00072